PAUL FABRE

LA PERCEPTION DU CENS APOSTOLIQUE

DANS L'ITALIE CENTRALE

en 1291

Extrait des MÉLANGES D'ARCHÉOLOGIE ET D'HISTOIRE
publiés par l'École française de Rome, t. X.

ROME
IMPRIMERIE DE LA PAIX, PHILIPPE CUGGIANI
Rue della Pace, 35.
1890

Tome IV (1884). — Léopold Delisle, Authentiques de reliques de l'époque mérovingienne. — Ernest Langlois, Bulle relative à une élection de Jacques de Arena à l'Université de Padoue. — Charles Lécrivain, Remarques sur les formules du *Curator* et du *Defensor civitatis* dans Cassiodore. — P. de Nolhac, Les collections d'antiquités de Fulvio Orsini. — L. Duchesne, L'historiographie pontificale au VIII° siècle. — Eug. Müntz, Les arts à la cour des papes. — P. de Nolhac, Les peintures des manuscrits de Virgile. — René Grousset, Le bœuf et l'âne à la nativité du Christ. — Maurice Prou, Statuts d'un chapitre général bénédictin à Angers, 1220. — Ch. Lécrivain, Le mode de nomination des *Curatores reipublicae*. — Edm. Le Blant, De quelques types des temps païens reproduits par les premiers fidèles. — Paul Fabre, Le patrimoine de l'Eglise romaine dans les Alpes Cottiennes. — Nécrologie. — 14 planches.

Tome V (1885). — V. Blavette, Le Panthéon de Rome, restauration de la palestre des thermes d'Agrippa. — C. Lécrivain, Le partage oncial du *fundus* romain. — Ernest Langlois, Le manuscrit Ottobonien 2523. — R. de la Blanchère, Villes disparues. *Conca*. — Edm. Le Blant, Notes sur quelques actes des martyrs — Ern. Langlois, La Somme Acé. — J. B. de Rossi, Le martyrologe hiéronymien. — L. Duchesne, Les sources du martyrologe hiéronymien. — R. Grousset, Le Bon Pasteur et les scènes pastorales dans la sculpture funéraire des Chrétiens. — A. Berthelot, Ecrits mathématiques du moyen-âge. — A. Esmein, Débiteurs privés de sépulture. — Edm. Le Blant, Un sarcophage chrétien récemment découvert à Rome. — G. Lumbroso, Un doute au sujet de Trogue Pompée. — M. Prou, Additions et corrections au *Gallia christiana*, d'après les Registres d'Honorius IV. — Ch. Lécrivain, Sur le recrutement des avocats dans la période du Bas Empire. — P. de Nolhac, Jacques Amyot et le décret de Gratien. — P. Fabre, Sur un manuscrit de la chronique de Jordanus. — André Pérraté, Note sur le groupe de Panéas. — Georges Digard, Deux documents sur l'église de S. Maximin en Provence. — C. Jullian, *Caius Serenus proconsul Galliae Transalpinae*. — Pierre Batiffol, *Evangeliorum codex graecus purpureus Reratinus* Φ. — H. Doulcet, Sur une fresque de S. Martin des Monts. — M. Prou, Inventaire des meubles du cardinal Geoffroi d'Alatri, 1287. Bibliographie. — Nécrologie. — 16 planches.

Tome VI (1886). — Ch. Poisnel, Un concile apocryphe du pape S. Silvestre. — Charles Robert, Arcantodan, nom commun gaulois. — L. Duchesne, Topographie de Rome au moyen-âge. — A. Martin, Les cavaliers et les processions dans les fêtes athéniennes.

— H. Albanès, La chronique de S. Victor de Marseille. — Ch. Lécrivain, La juridiction fiscale d'Auguste à Dioclétien. — Ed. Cuq, De la nature des crimes imputés aux Chrétiens, d'après Tacite. — P. de Nolhac, Recherche sur un compagnon de Pomponius Laetus. — P. Fabre, Les vies de papes dans les manuscrits du *Liber censuum*. — Ch. Diehl, Le monastère de S. Nicolas di Casole près d'Otrante, d'après un manuscrit inédit. — Paul Durrieu, Etudes sur la dynastie angevine de Naples. Le *Liber donationum Caroli primi*. — Edm. Le Blant, De quelques sujets représentés sur des lampes en terre cuite de l'époque chrétienne. — Léop. Delisle, Virgile copié au X° siècle par le moine Rabingus. — P. de Nolhac, Inventaire des manuscrits grecs de Jean Lascaris. — L. Duchesne, Un mot sur le *Liber pontificalis*. — M. Prou, Monnaie de Polémon II, roi du Pont. — Edm. Le Blant, Sur une mosaïque découverte au Palais Farnèse. — A. Pérraté, La mission de François de Sales dans le Chablais. — A. Esmein, Quelques renseignements sur l'origine des juridictions privées. — L. Auvray, Sur le cartulaire de N. D. du Bourg-moyen de Blois. — Ern. Langlois, Le rouleau d'*Exultet* de la Bibliothèque Casanatense. — M. Desroussseaux, Sur quelques manuscrits d'Italie. — Léon G. Pélissier, Les amis d'Holstenius. — M. Desroussseaux, A propos d'une épitaphe grecque. — 9 planches.

Tome VII (1887). — P. de Nolhac, Pétrarque, appendice au « Canzoniere » autographe. — Ch. Robert, Formes et caractères des médaillons antiques de bronze relatifs aux jeux. — Maurice Faucon, Détention de Rienzi à Avignon. — P. Fabre, Un registre caméral du cardinal Albornoz en 1364. — Edm. Le Blant, Le christianisme aux yeux des païens. — M. Desroussseaux, Sur le fragment crypto-tachygraphique du *Palatinus graecus* 73. — R. de la Blanchère, Les ex-voto à Jupiter Poeninus. — Edm. Le Blant, De quelques objets antiques représentant des squelettes. — R. Cagnat, Sur le *Praefectus urbi* appelé à tort Aconius Castullinus. — Léon Cadier, Bulles originales du XIII° siècle conservées dans les archives de Navarre. — S. Gsell, Etude sur le rôle politique du Sénat romain à l'époque de Trajan. — R. de la Blanchère, Découverte d'une place à Terracine. — Pierre Batiffol, Inscriptions Byzantines de S. Georges au Vélabre. — Paul Fabre, Un nouveau catalogue des églises de Rome. — L. Auvray, Une source de la *Vita Roberti regis* du moine Helgand. — H. Noiret, Huit lettres inédites de Démétrius Chalcondyle. — 9 planches.

Tome VIII (1888). — P. de Nolhac, Giovanni Lorenzi, bibliothécaire d'Innocent VIII. — M. Prou, Notice et extraits du manuscrit

PAUL FABRE

LA PERCEPTION DU CENS APOSTOLIQUE

DANS L'ITALIE CENTRALE

en 1291

Extrait des Mélanges d'archéologie et d'histoire
publiés par l'École française de Rome, t. X.

ROME
IMPRIMERIE DE LA PAIX, PHILIPPE CUGGIANI
Rue della Pace, 35.
1890

PAUL FABRE

LA PERCEPTION DU CENS APOSTOLIQUE

DANS L'ITALIE CENTRALE

en 1291

Extrait des MÉLANGES D'ARCHÉOLOGIE ET D'HISTOIRE
publiés par l'École française de Rome, t. X.

ROME
IMPRIMERIE DE LA PAIX, PHILIPPE CUGGIANI
Rue della Pace, 35.
1890

LA PERCEPTION DU CENS APOSTOLIQUE
DANS L'ITALIE CENTRALE EN 1291.

La plupart des cens dûs au Saint-Siège étaient exigibles chaque
année, mais la perception n'avait lieu que de loin en loin et à
des dates très irrégulières (1). Au XIII° siècle, alors que le ca-
mérier Cencius avait déjà composé son *Liber Censuum* (2), nous
voyons se passer quelquefois plus de trente ans sans que la
Chambre Apostolique fasse réclamer ce qui lui est dû (3). Il n'y
avait pas d'ailleurs de règles bien précises : certains débiteurs
s'exécutaient eux-mêmes en cour de Rome (4), tandis que d'autres (et c'était le plus grand nombre) attendaient, pour s'acquitter
entre les mains de banquiers désignés par le Saint-Siège (5), ou,
plus généralement, d'agents spéciaux de la Chambre Apostolique,
qu'on leur eût envoyé une sommation en bonne et due forme.
Naturellement les cens les plus importants étaient ceux qu'on
était le plus exact à réclamer : c'était le cas, par exemple, pour le
denier de Saint Pierre en Angleterre (6), et, depuis l'inféodation
de l'Italie méridionale à Charles d'Anjou, pour le cens des Deux-Siciles (7). Inutile d'ajouter que ce n'étaient pas toujours ces grosses
sommes dont la rentrée s'effectuait le plus facilement (8).

(1) Honorius III prescrit de les recouvrer « *cum omni mansue-
tudine* » (Potthast, n° 5966).

(2) Il date de 1192.

(3) C'est ce qui ressort du compte que nous publions ci-après.

(4) Voy. le compte publié ci-dessous.

(5) Par exemple la ville de Montpellier ; cf. bulle du 10 nov. 1265
(*Arch. Vat. Reg.* n. 31, fol. 21, cap. 50).

(6) Voyez, entre bien d'autres, les bulles du 13 décembre 1261
(Potthast 18182 et 18183), du 23 mai 1266 (*Arch. Vat. Reg.* n.° 31, fol. 8
et 9), du 21 août 1281 (Potthast, n.° 21781).

(7) Par exemple, pièce du 31 octob. 1266 (*Arch. V. Reg.* n. 31, c. 62).

(8) Potthast, n°⁰ 18183, 20350 et 21781.

Les documents ne nous permettent pas de faire d'une manière complète l'histoire de la perception des cens. Les Archives du Vatican n'ont conservé des deux premiers tiers du XIII⁰ siècle, et à plus forte raison de l'époque antérieure, aucun livre de comptes. Quant aux Registres pontificaux, ils ne renferment pas, tant s'en faut, toutes les commissions données par le Saint-Siège pour le recouvrement des cens (1).

Il est cependant un fait qui semble se dégager assez nettement des textes que nous possédons: c'est que les papes n'ont pas considéré la perception des cens comme une attribution naturelle des légats. Les percepteurs paraissent toujours avoir été des agents spéciaux, appartenant aux milices de l'Eglise, ou détachés de la Chambre Apostolique: c'étaient des Hospitaliers, des Templiers (2), des *scriptores camerae*, des *clerici camerae*, ou encore des sous-diacres et chapelains.

Sous Innocent III, frère Gonsalve (3) est envoyé en Espagne, et Pierre-Marc dans le midi de la France (4), *pro colligendis Ecclesie Romane censibus;* sous Honorius III (l'auteur du *Liber Censuum*), les mandataires se multiplient: un Hospitalier et un Templier, frère Jean et frère Martin, sont députés en Allemagne (5), maître Uguccione part pour l'Espagne (6), maître Accuntius pour la Hongrie (7), et frère Etienne pour la

(1) Excepté les Registres dits caméraux, comme les nᵒˢ 27, 31, 42. Mais le plus ancien de ces registres date d'Urbain IV.

(2) *Propter hoc fit, quod nuntios alios de quibus videamur melius posse confidere non habemus* (Potthast, nᵒ 6310).

(3) *Arch. Vat. Reg.* nᵒ 10, f. 16, cap. 75; 5 octobre 1218.

(4) En 1212. — Pierre-Marc était alors sous-diacre et correcteur des lettres Apostoliques (Potthast, nᵒ 4589-4592).

(5) Potthast, nᵒ 5966; 19 janvier 1219.

(6) Sous-diacre et chapelain; il est accompagné de maître Centius, comme lui chanoine de Sᵗ Pierre (Potthast, 5906 et 5966).

(7) Bulle du 24 janvier 1219 (édit. Pressutti, nᵒ 1829).

France (1). En Allemagne, nous trouvons, sous Grégoire IX, Philippe d'Assise, *scriptor camerae* (2) ; sous Alexandre IV, Jean d'Ocre, clerc de la Chambre (3).

Nous constatons d'ailleurs chez Alexandre IV le dessein bien arrêté de régulariser la perception, en l'organisant d'après un plan uniforme. En même temps que Jean d'Ocre est chargé de l'Allemagne, maître Pierre de Pontecorvo parcourt la Hongrie, la Bohème et la Pologne (4), tandis que maître Sinitius, clerc de la Chambre (5), et Jean de Frosinone, chapelain (6), opèrent l'un *in regno Franciae et circumpositis partibus*, l'autre en Irlande et en Angleterre (7).

Parmi tous ces collecteurs du cens, maître Sinitius semble s'être particulièrement distingué dans l'exercice de ses fonctions, car le 21 mars 1264 le pape Urbain IV l'envoie *ad Hyspaniarum et Aragonum regna, ac Cathaloniae et Guasconiae partes, necnon ad Burdegalensem et Narbonensem provincias pro colligendis censibus* (8), et, le 22 février 1267, le pape Clément IV le mande *ad partes Angliae, Walliae, Scotiae et Hyberniae pro colligendis censibus et denario B. Petri* (9).

Pourtant il ne semble pas que l'impulsion donnée par Alexandre IV ait duré bien longtemps. Martin IV, confiant à l'ar-

---

(1) Il part *cum socio suo*; Potthast, n° 5980.

(2) Potthast, n. 9069.

(3) Bulle d'Urbain IV, du 7 décembre 1261 (*Archiv. Vatic. Reg.* n. 27, fol. 9).

(4) Bulle d'Urbain IV, 26 septembre 1261 (Potthast, n° 18181).

(5) *Arch. Vat. Reg.* n. 27, fol. 3.

(6) *Id. ibid.*

(7) A Jean de Frosinone succéda en Angleterre le frère mineur Jean de Cantia (Potthast, n. 18172; 5 décembre 1261).

(8) Voy. les très nombreuses bulles des 26 février, 20 et 21 mars 1264 (*Arch. Vat. Reg.* n. 27, fol. 131).

(9) Bulles du 23 mai 1266 (*Arch. Vat. Reg.* n. 31, pages 8 et 9).

chidiacre Jean Muscata (1) le soin de lever le cens en Pologne
et en Poméranie (9 janvier 1285) constate qu'on est fort en retard,
censum elapsis jam annis quampluribus non persolutum (2); et, six
mois après, Honorius IV est obligé de renouveler la commission
du mandataire (3). Aussi comprend-on qu'en 1290 Nicolas IV ait
voulu mettre fin à cet état de choses, et qu'il se soit décidé à
revendiquer universellement les cens arriérés. Ici nous avons la
bonne fortune de posséder des documents assez nombreux et assez
étendus. Non seulement les Archives du Vatican ont conservé les
originaux des deux bulles du 13 septembre 1290 dans lesquelles
le pape dresse, d'après le *Liber Censuum* de la curie Romaine,
l'état des redevances dues au Saint-Siège en France (4) et dans
le royaume des Deux-Siciles (5), mais elles nous ont gardé les
comptes authentiques d'Albert de Grondola et de Lanfranc de
Scano, chargés de la perception du cens, l'un en France (6),
l'autre dans l'Italie centrale.

Ces deux documents (le second surtout, qui est beaucoup plus
complet et en meilleur état) sont intéressants à plus d'un titre.

On y peut suivre tout au long les opérations de la levée du
cens.

Nous prendrons ici comme exemple le registre de Lanfranc.

Lanfranc de Scano (7), chanoine de Bergame, collecteur du
cens apostolique *in Tuscia, Romandiola, Marchia Anconitana,*

(1) Archidiacre de Leczyca, en Pologne; Potthast. n. 22198.
(2) Potthast, n. 22256-8.
(3) *Instr. Miscell.* C. Fasc. XI, n.c 2.
(4) Arm. IX, caps. VII, n.º 1. Cette bulle figure *in extenso* dans
l' Inventaire des Chartes conservées en 1366 aux Archives pontificales
d'Avignon, et que Muratori a publié dans ses *Antiquitates* (VI, col. 116-154).
(5) *Arch. Avinion. Collect.* n. 108.
(6) *Arm.* XXXIV, n.º 83 A. Je m'en suis beaucoup servi dans les
notes de mon édition du *Liber Censuum*.
(7) *Scano al Brembo* est un petit village voisin de Bergame.

ducatu Spoletano et Patrimonio b. Petri et circumadjacentibus partibus, commence sa tournée par Sienne, où il se trouve du 27 au 31 décembre 1290, et, en dépouillant ses quittances, soigneusement datées, nous pouvons dès lors suivre son itinéraire.

Année 1291.

Janvier	3	Petriolo (banlieue de Sienne)
»	7	Grosseto
»	17	Massa-Marittima
»	23-25	Volterra
»	30-31	Lucques
Février	1-7	Lucques
»	8	Pise
»	10-13	Lucques
»	16	Pistoie
»	17-28	Florence
Mars	8	Città di Castello.
»	14	Gubbio
»	17	Cagli
»	22-23	Pesaro
»	29-30	Rimini
Avril	5	Cesena
»	12-13	Pérouse
»	26	Spolète
Mai	15	Orte
Du 13 Juin au 1er Septembre		Orvieto
Octobre	21-22	Sienne
»	28	Orvieto

Année 1292.

Mai	1er	Ravenne
»	8	Rimini

Lanfranc de Scano avait d'ailleurs pour l'aider un de ses compatriotes, Dauphin de Cenate (1), dont nous pouvons également suivre les déplacement.

Le 12 février 1291, il était à Pise, où Lanfranc l'avait sans doute laissé. Le 16 mars, il a franchi l'Apennin, et nous le trouvons à Ferrare, par où il commence sa tournée en Romagne.

Année 1291.

Mars	12	Ferrare
»	16	Bologne
»	23	Imola
»	30-31	Ravenne
Avril	5-6	Forlimpopoli
»	8	Forlì
»	9	Forlimpopoli
»	11	Sarsina
»	26-29	Fano
Mai	1ᵉʳ	Pesaro
»	22-23	Osimo
Juin	24-30	Fermo
Juillet	7	Ascoli
»	17-20	Tolentino
»	23	Camerino

Dauphin de Cenate prêta ses services durant sept mois (à ce que nous apprennent les comptes), et il lui fut alloué comme traitement 35 florins, à raison de 5 florins par mois.

L'office de collecteur n'était pas une sinécure. Le livre de comptes en fait foi. Bien des débiteurs étaient récalcitrants. Il fallait envoyer des sommations, intenter des procès, en référer à la cour de Rome.

(1) A 16 kilom. de Bergame, *Cenate di sotto*, et, à 2 kilom. de là, *Cenate di sopra*.

Depuis le temps où Cencius avait rédigé son fameux registre, (il y avait de cela un siècle), bien des changements s'étaient produits. Aussi, sur les 193 cens mentionnés dans sa lettre de commission, Lanfranc de Scano ne put en percevoir que 90, soit un peu moins de la moitié. Il constata que 18 monastères, églises, ou seigneuries frappées de redevances censuelles avaient complètement disparus: " *non invenitur* „, dit-il. Restaient cependant 77 débiteurs existants et reconnus. Les uns payaient directement soit en cour de Rome (1), soit à l'évêque de leur diocèse (2), soit encore, dans les Etats pontificaux, au gouverneur de la province (3); d'autres fournirent des quittances du temps d'Alexandre IV, portant versement anticipé de 40 années de cens (4); le monastère de S. Mamiliano, au diocèse de Castro, faisait partie intégrante des possessions directes du Saint-Siège, qui dès lors n'avait pas à se payer de cens à lui-même; pour Monte-Amiata le cardinal d'Ostie, Latino Malabranca, s'interposa: " *isti habent facere recompensationem cum ecclesia Romana pro rege de cofinio* (?), *quare dominus Latinus voluit quod aspectaretur* „; et, pour Saint-Albert, au diocèse de Faenza, Lanfranc ne put y aller *propter guerram*.

Mais l'écart tient surtout à la mauvaise volonté des débiteurs:

(1) Par exemple, St Pierre *in Monte Martano* (diocèse de Pérouse), St Faustin *a Elsa* (diocèse de Volterra), *S. Lazzaro*, aux portes de Sienne, Ste Marie de *Saltiano* (diocèse de Sienne), St Justo et Ste Marie d'*Arezzo*, l'église de *Vezzano* (diocèse de Luni), et celle de *Borgo S. Donnino*, près de Florence.

(2) Les Orsini, pour le château de *Vallerano* (diocèse de Cività Castellana).

(3) La ville d'Amelia acquittait le cens au Capitaine du Patrimoine, l'église de St Paul de *Monte-Scudo* (diocèse de Rimini) payait au recteur de la *Massa Trabaria*, et Jean *de Monacho*, à Assise, versait entre les mains de Rainier, duc de Spolète.

(4) Entre autres les monastères de St Paul à Terni, d'*Acquaviva* à Spolète, de *Culi* ou *Monte Santo* à Todi, de St Laurent de Collazone (diocèse de Todi).

quelques-uns essayèrent de traîner la chose en longueur, d'autres refusèrent purement et simplement. Aussi rencontrons-nous souvent ces formules : " *Acceptaverunt terminum sub pena excommunicationis et interdicti quam incurrerent, nec comparuerunt. — Non solverunt in termino per eos acceptato et ideo excommunicationem incurrerunt* „, ou cette phrase plus concise encore : " *Requisitus, excommunicatus, et denunciatus* „.

La Commune de Rome, qui possédait les biens de l'ancienne église de Saint Senzia, à Bieda, se montra plus récalcitrante encore. Lanfranc de Scano, pour obtenir la mise en liberté de son envoyé, dut donner quittance sans avoir reçu de paiement : " *Camera Urbis dicitur possidere possessiones dicte ecclesie, et senatores fecerunt poni in carcere nuntium qui citavit camerarios Urbis ut venirent satisfacere. Itaque predicta apposita* (sic) *oportuit relaxari ut dictus nuntius dimitteretur* „. Cette courte notice en dit très long.

Je publie ici le résumé des opérations faites par Lanfranc de Scano, tel qu'il nous l'a donné lui-même, avec l'indication de ce qu'elles ont produit et de ce qu'elles ont coûté.

Je crois devoir signaler à l'attention les renseignements que Lanfranc nous fournit sur la conversion des monnaies anciennes en espèces de cours, et sur le change des diverses monnaies ainsi recueillies.

HEE SUNT EXPENSE FACTE PER MAGISTRUM LANFRANCUM DE
SCANO, CANONICUM PERGAMENSEM, COLECTOREM CENSUUM, PRO EXE-
CUTIONE DICTORUM CENSUUM.

Fol. 47.

In primis in duobus libris de papiro, in qui-
    bus apposite sunt appodisse . . . . viij Turonenses.

Item in sex libris cere pro appodissis et cita-
    tionibus sigillandis. . . . . viij Turonenses et
                                                medium.

Item in cartis bonbacinis ad faciendum cita-
    tiones . . . . iiij^{or} Turonenses.

Item pro uno nuncio qui venit de Lucca ad
    curiam pro certis dubiis declarandis . . xiiij Turonenses.

Item pro quodam alio nuncio quem misit Dal-
    finus de Ancona magistro Lanfranco ad
    curiam cum appodissis et quadam littera
    de pecunia assignata mercatoribus . . . xviij solidos Raven-
                                                natorum.

Item in uno instrumento Francisci Christiani
    pro quo recuperavi duodecim libras Ra-
    vennatorum . . . . viij solidos Raven-
                                                natorum.

Item in quodam alio instrumento sive testa-
    mento quondam domini Sinismerii de
    Moliano, Firmane diocesis . . . . xij solidos Ravenna-
                                                torum.

Item in cartis pro appodissis. . . . . xxv solidos Raven-
                                                natorum.

Item pro quodam nuntio qui ivit ad citandum

castrum Fracto Guinizonis de Perusina
diocesi. . . . . iiij^{or} solidos Corto-
                                        niensium.

Item pro quodam alio nuntio qui ivit ad ci-
    tandum multas ecclesias et monasteria
    in diocesi Perusina . . . . xvj solidos Corto-
                                        niensium.

Item cuidam alio nuntio qui citavit consules
    et communia, castrum Sinibaldorum et
    castrum Campaniani. . . . . ij Turonenses et me-
                                        dium.

Item pro quodam alio nuntio qui ivit ad ci-
    tandum duas ecclesias in diocesi Civita-
    tis Castellane. . . . . j Turonensem et me-
                                        dium.

Item pro quodam alio nuntio qui ivit ad ci-
    tandum plures ecclesias in diocesi Tus-
    canensi. . . . . ij Turonenses.

Item Dalfinus pro processu facto contra po-
    pulum Massae Fiscalie pro nuntiis et
    aliis . . . . xxj Venetos grossos.

Item pro quodam alio qui citavit plures ec-
    clesias in civitate et diocesi Clusina. . j Turonensem.

Item pro quodam alio nuntio qui ivit per
    multa diversa loca ad citandum plures
    nobiles et ecclesias Vulterano diocesis . . iiij^{or} Turonenses.

f. 47. v°
Item pro duobus aliis nuntiis qui iverunt ad
    citandum per diversa loca in diocesi Se-
    nensi. . . . . ij Turonenses.

Item pro quodam alio nuntio qui ivit ad citandum per plura loca in diocesi Aretina. . . . ij Turonenses.

Item pro duobus aliis nuntiis qui iverunt ad
citandum per diversa loca in diocesi Flo-
rentina. viiij solidos florino-
                                                                    rum parvorum.

Item pro duobus aliis nuntiis qui iverunt per
multa loca in Lucana diocesi, quorum
unus ivit per diocesim Lunensem. . . . v Turonenses.

Item pro quodam alio nuntio qui ivit ad citandum per diocesim Massanam. . . . . j Turonensem et me-
                                                                    dium.

Item pro quodam alio nuntio qui ivit ad citandum
unam ecclesiam in diocesi Assisinati . . . j Venetum grossum.

Item pro quodam alio nuntio qui ivit ad citandum per diocesim Eugubinam . . . . j Turonensem.

Item pro quibusdam aliis nuntiis qui iverunt
ad citandum per diversa loca in diocesi
Spoletana . . . . iiij Turonenses.

Item pro quodam alio nuntio in diversis vi-
cibus qui ivit ad citandum per plura loca
in diocesi Ariminensi. . . . . viij solidos Raven-
                                                                    natorum.

Item pro quodam alio nuntio qui ivit ad citandum in diocesi Pesauriensi. . . . . . j Turonensem.

Item pro quodam alio nuntio qui ivit ad citandum in diocesi Camerinensi . . . . . j Turonensem et me-
                                                                    dium.

Item illi qui scripsit librum istum qui est quin-
    quaginta unius folii . . . . viij Turonenses.

T. Summa predictarum expensarum est. . . . LXX Turonenses
                                   grossi.
Ra. Item . . . . tres libre et solidi
                               ix Ravennatorum.
F. Item . . . . ix solidi florinorum
                               parvorum.
C. Item . . . . xx solidi Cortonen-
                               sium.
V. Item . . . . xxj Veneti grossi.

Item Perusii dominus archipresbyter Perusinus computavit mihi xviij
    Turon. grossos, quos dederat pro remittendo testamentum et
    codicillos quosdam, quibus erant relicte domino pape centum
    libre sub certa conditione et ad quas recuperandas fecerat sibi
    commissionem.

Item Luce fuit michi insinuatum quod quidam nobilis dimiserat ec-
    clesie Romane quadraginta florenos, et dominus archidiaconus
    Lucanus quondam, allegans quod filii qui remanserant essent
    pauperes, procuraret quod solverent partem ad mandatum do-
    mini camerarii, scripsi dicto domino archidiacono ut de illis XL
    recuperaret xxx: quod archidiaconus morte preventus nihil
    fecit. Remanserunt filii illius nobilis Berus et Bindinus filii
    quondam domini Mayfredi de Bernarduciis.

Item solidos XL Ravennatorum et Anconitanorum pro cambio quod
    factum fuit de diversis monetis in florenis, quia mercatores
    non erant et non de facili poterat pecunia portari.

Item dedit et solvit magistro Dalfino pro labore et fatiga quam
    ipse sustinuit in eundo stando et exercendo officium cum dicto

magistro Lanfranco et sine ipso in multis locis per menses vij, scilicet quinque florenis quolibet mense computatis, xxxv florenos.

Item pro uno testamento quod redemit Dalfinus Pisis, xxviij solidos parvorum pisanorum (1).

f. 48°

QUESTE SONO LE MONETE CHE SONO RICOLTE PER MASTRO LANFRANCO PER LI CENSI.

In prima cxij libre xiij sol. Luchesi vechi vagliono, a ragione de vinti soldi per uno
floreno doro. . . . . cxij flor. doro, xvi sol.
iij d. provesin.

Rursus... viij libre xj sol. vj den. Luchesi nuovi
vagliono a ragione de quarante
quarto sol. per flor. doro. . . . . . . iij flor. doro, xxij sol.
vj den. provesin.

Rursus... cxlviij libre xv sol. ij den. Pisani et
floreni picioli vagliono a ragione
de trentesete sol. vj den. per flo-
reno doro . . . . lxxviiij floren. doro,
viii sol. iiij den.
provesin.

Rursus... xiij lib. viij sol. vj den. Corton. vagliono a ragione de quarantacinque
sol. per floreno doro . . . . vj flor. doro, meno x
den. provesin.

Rursus... iij lib. provesin. vagliono a ragione
de vintecinque sol. per flor. doro. ij flor. doro, et x sol.
provesin.

(1) En marge: « Non fuit computatum, quod non erat scriptum ».

Rursus... cclv lib. iiij sol. Raven. valonno a ra-
    giono de vintiesei sol. et diecie
    den. per floreno dono . . . . clxxxij fior. doro, et
                      xviij sol. viij den.
                      prov.

Rursus... iiij lib. x sol. Boloniesi piccioli valiono
    a ragione de trenta sol. sei den.
    per fioreno doro . . . . iij fior. doro, meno
                      xiiij den.

Rursus... xiiij d. Boloniesi grossi vagliono a
    ragiono de diecie den. prov. l'uno. xj sol. viij den. prov.

Rursus... xvij sol. Viniziani grossi vagliono a
    ragione de tredici flor. doro la li-
    vra . . . . xj flor. doro, x den.
                      prov.

Rursus... iij lib. xvj den. Tor. grossi vagliono
    a ragione de trenteduo den. lo
    Tor., et lo fioreno vintecinquo sol. lxxviij flor. doro xii
                      sol. viij den. prov.

Rursus... iiij^{c} vij fioreni doro in puri fioreni (1).

Somma . . . . viij^{c} lxxxvj fiorini.
                      doro, et xxiij sol. xj
                      den. prov.
Di questa detti ano spesi . . . . xij fiorini doro, et xx
                      den. prov.

(1) Ce chiffre comprend un certain nombre de cens qui n'ont pas
été payés en florins, mais dont le produit a été immédiatement con-
verti par Lanfranc en monnaie de florins : par exemple, nous lisons
au fol. 21 : *Summa hujus pagine est* iv *florini de argento, pro quibus
habui unum florenum auri et medium pisanorum parvorum;* — au
fol. 23 : *Summa hujus pagine est* xl *marabutini, pro quibus habui*
xxxiiii *florenos auri, item* v *solidos florenorum parvorum.*

Rimano a dare . . . . viij^c lxxiij fiorini doro, et xxij sol. j
den. prov.

Fol. 53 (1).

In primis Perusii, dominus archipresbyter Perusinus, cui feci com-
missionem ego magister Lanfrancus, habet transcriptum cujusdam testamenti et codicilorum, per quo apparet quod Nico-
lacius Recucii et Vitalucius Frangepanis cives Perusini debent
ecclesie Romane ad minus quinquaginta libras antique monete;
unde dictus archipresbyter credit recuperare xl libras usualis
monete sicut dixit, si hoc sibi scribam vel camerarius domini
pape.

Item Luce, Betus et Bindinus, filii quondam domini Mayfredi de
Bernarduciis, debent ecclesie Romane ex quodam relicto xl
florenorum auri a padre eorum respondere: non potui habere
testamentum, sed a fide digno audivi quod ita dimissum fuerat.

Item assigno quoddam transcriptum testamenti Leopardi de Seta
de Capella Sancti Sepulcri civitatis Pisane, in quo idem Leo-
pardus dimisit trecentas libras pisanorum distribuendas ar-
bitrio summi pontificis vel ejus penitentiarii.

Item assigno quoddam transcriptum cujusdam testamenti Sinismeri
de Moliano, civis Firmani, in quo sunt multa relicta.

---

(1) Les quatre mentions qui suivent n'ont pas trait à la perception des cens. J'ai cru néanmoins devoir les donner ici, parce qu'elles
sont dans le Registre, et qu'elles concernent des opérations pour lesquelles le collecteur du cens paraît avoir été naturellement qualifié.
Voy. ci-dessus, p. 880.